www.ingramcontent.com/pod-product-compliance
Lightning Source LLC
Chambersburg PA
CBHW020552220526
45463CB00006B/2271
* 9 7 8 1 6 5 8 5 5 3 2 8 5 *